PLAN DE DIETA DE AYUNO INTERMITENTE

A BEGINNERS GUIDE TO INTERMITTENT FASTING

STEP-BY-STEP

BY Melissa White

Capítulo 1: El ayuno intermitente y el cáncer de mama

Los exámenes de los sujetos muestran que el ayuno retrasado durante la etapa de descanso tiene un impacto enfático en la carcinogénesis y los ciclos metabólicos que están supuestamente conectados con el peligro y la conjetura de la enfermedad del pecho. Hasta donde sabemos, ningún examen en personas ha inspeccionado la duración del ayuno diario y los resultados de la enfermedad. Para explorar si la duración del ayuno diario anticipó la recurrencia y la mortalidad entre las damas con crecimiento maligno del seno en etapa temprana y, siempre que sea cierto, independientemente de si estaba relacionado con los factores de riesgo para los resultados indefensos, incluyendo la glucorregulación (hemoglobina A1C), el agravamiento persistente (proteína C-receptiva), la pesadez y el descanso. Se recopiló información de 2.413 mujeres con cáncer de mama, pero sin diabetes mellitus, que tenían entre 27 y 70 años en el momento del hallazgo y que estaban interesadas en la inminente investigación sobre la dieta y la vida de las mujeres.

1.1 Introducción

La enfermedad del pecho es la razón más conocida de mortalidad por cáncer entre las mujeres de los países no industrializados y la segunda razón más básica de mortalidad por cáncer en los países creados. Aunque se suele suponer que una rutina alimentaria sólida mejorará los resultados del crecimiento maligno del pecho, la información sobre esta teoría es contradictoria. Gran parte de la investigación se ha centrado en lo que hay que comer para prevenir la enfermedad, como variedades de alimentos explícitas, clases de nutrición o ejemplos dietéticos. Últimamente, ha surgido una nueva hipótesis según la cual el momento en que comemos también importa, con investigaciones que demuestran que la circunstancia de la admisión de alimentos afecta al bienestar metabólico y al cáncer. El hito contempla la exhibición de que una rutina de ayuno repetitivo y retrasado (16 horas) durante la etapa de reposo asegura a los sujetos a los que se les sirvió un régimen alimenticio alto en grasas contra la digestión inusual de la glucosa, la irritación y la adquisición de peso, todos ellos relacionados con los resultados indefensos de la malignidad.

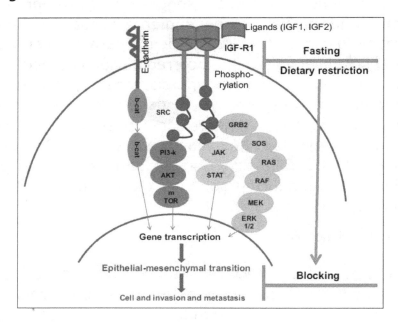

En lo que respecta a cualquier persona, la información epidemiológica sobre la duración del ayuno diario y los resultados clínicos son inexistentes. No obstante, existe información restringida de pequeños preliminares en personas que recomiendan que numerosos tipos de regímenes de ayuno intermitente influyen decididamente en los factores de riesgo de resultados de crecimiento maligno del seno, como la glucorregulación, el agravamiento, el peso y el descanso. Se han distribuido dos investigaciones sobre el lapso de ayuno diario y los biomarcadores de riesgo de enfermedades del seno en las damas utilizando la información de la Encuesta Nacional de Salud y Nutrición de los Estados Unidos. En la investigación primaria, entre 2122 damas sin diabetes mellitus, el ayuno diario más prolongado estaba relacionado con enormes mejoras en los biomarcadores de control glucémico. En la investigación posterior, un plazo más extenso de ayuno diario se relacionó con fijaciones esencialmente más bajas de la proteína del receptor C (CRP) en las damas que comían por debajo del 30% de su ingesta de energía absoluta todos los días después de las 5 pm. tomados en conjunto, la rata y la información humana apoyan la especulación de que un tramo retrasado de ayuno diario podría disminuir el riesgo de enfermedad y mejorar los resultados de la malignidad.

La investigación sobre la dieta y la vida de las mujeres con cáncer de mama ofrece una oportunidad extraordinaria para observar el impacto del ayuno diario, ya que la admisión dietética se evaluó con revisiones dietéticas de 24 horas que informaron de la planificación de la utilización de los alimentos. Utilizamos la información del estudio para investigar si el plazo de ayuno diario estándar de una mujer estaba relacionado con la repetición de la enfermedad del seno y la mortalidad. Asimismo, analizamos los sistemas por los que el ayuno diario retrasado puede mejorar la anticipación del crecimiento maligno del pecho, como la glucorregulación, la irritación, la corpulencia y el descanso.

1.2 Métodos

La investigación es un preliminar aleatorio dirigido en varios sitios, que incluye a 3088 pacientes que han tenido un cáncer de mama obtruso en fase inicial. Este preliminar esperaba probar si una rutina de alimentación rica en verduras, productos orgánicos y fibra y baja en grasas disminuía el peligro de repetición del crecimiento del cáncer de mama y la mortalidad. La intercesión dietética no ajustó la visualización del cáncer de mama durante el seguimiento medio de 7,3 años del estudio preliminar; en consecuencia, este examen trata la prueba de investigación como un compañero solitario.

Para ser calificadas para esta investigación, las mujeres tenían información de revisión dietética de 24 horas y completa información sobre los factores de confusión clave (por ejemplo, la etapa de crecimiento del cáncer de mama, la edad o el estado de comorbilidad). Esta investigación prohibió a las damas que detallaron la diabetes en el estándar, ya que las terapias diabéticas de insectos subterráneos pueden desconcertar la relación entre la forma de vida y los resultados de la malignidad del seno. Las hojas de auditoría institucional en cada centro clínico.

Descubrimientos En este compañero de 2413 pacientes con crecimiento maligno del seno en fase inicial, el ayuno diario de menos de 13 horas se relacionó con un peligro ampliado del 36% de repetición de la enfermedad del seno en contraste y el ayuno diario de más de 13 horas, pero no se relacionó con un peligro ampliado genuinamente enorme de mortalidad explícita de malignidad del seno y por todas las causas. Lo que significa que arrastrar la longitud del tramo de ayuno diario podría ser un sistema dietético para disminuir el riesgo de repetición de malignidad del seno en las damas.

1.3 Evaluación dietética del ayuno intermitente

En la línea de base, en el año 1 y en el año 4, la ingesta dietética se evaluó mediante varias revisiones dietéticas preprogramadas de 24 horas recogidas por teléfono en días arbitrarios durante un periodo de tiempo de 3 semanas, definido para secciones de fin de semana no festivo. De 2413 miembros en este ejemplo, 2400 (99,5%) completaron al menos 3 revisiones dietéticas en el patrón, 2203 (91,3%) completaron al menos 3 revisiones en el año 1, y 1924 (79,7%) completaron al menos 3 revisiones en el año 4. En total, 25325 revisiones dietéticas fueron accesibles para su uso en este examen.

La duración del ayuno diario se evaluó calculando el desfase horario entre la primera y la última escena de comida de cada día y restando este tiempo de las 24 horas. Los posibles factores de confusión dietéticos que se distinguieron en la redacción fueron los ingresos diarios (en kilocalorías), las escenas de comida de cada día y el hecho de comer después de las 20 horas. Las escenas de comida cada día se caracterizaron como las ocasiones en las que los miembros devoraron 25 kcal o más en un único punto de tiempo. Además, se creó una variable marcadora para los individuos que devoraban 25 kcal o más después de las 20:00 horas (denominada "comer después de las 20:00 horas").

Los registros clínicos se ocuparon de los datos identificados con la conclusión y el tratamiento del cáncer de mama subyacente, como el estadio, el grado, el estado del receptor químico y la utilización de radioterapia, quimioterapia o tratamiento endocrino. Se autodetallaron las cualidades del segmento y las comorbilidades. La hemoglobina glicosilada (HbA1c) y la PCR se estimaron en muestras de sangre recogidas en la visita al centro de diagnóstico mediante técnicas estándar.

La estatura, el peso, los niveles de trabajo activo y la duración del descanso se estimaron en el punto de referencia, el año 1 y el año 4. Los niveles de trabajo real se estimaron utilizando una encuesta aprobada y ajustada de la Iniciativa de Salud de la Mujer.18 La duración del sueño se evaluó preguntando a los miembros: "¿Cuánto tiempo de descanso tuvo en una noche normal durante el mes anterior?"

1.4 Resultados clínicos del ayuno intermitente

La recurrencia de la enfermedad mamaria se descubrió mediante un reconocimiento dinámico (llamadas semestrales) durante una media de 7,3 largos tramos de seguimiento. La enfermedad mamaria de repetición se caracterizó como el resultado de la mezcla de enfermedad mamaria intrusiva de repetición (cercana, provincial o distal) o nueva enfermedad mamaria intrusiva esencial. El periodo libre de recurrencia de la enfermedad mamaria se caracterizó como la fecha de la determinación de la enfermedad mamaria única hasta la mejora de otra ocasión de crecimiento mamario maligno o el final del seguimiento del estudio.

El paso de las extremidades se determinó mediante la auditoría intermitente del Índice de Muertes de la Seguridad Social durante una media de 11,4 años. El motivo de la muerte se adquirió a partir de las declaraciones de defunción de cada fallecido, en las que se registraba el motivo esencial de la muerte. A veces, también se registraba un motivo de muerte adicional. Utilizando estos datos, el facilitador de información de la WHEL utilizó la codificación de la Clasificación Internacional de Enfermedades, Novena Revisión, que produjo 4 clases de motivos de muerte: tumor de mama, otro tumor maligno, enfermedad cardiovascular u otro motivo. Todas las muertes por cáncer de mama fueron confirmadas por el oncólogo encargado de la investigación. La resistencia se midió como el tiempo transcurrido desde el análisis del tumor maligno hasta la muerte o la última auditoría accesible del Índice de Muertes de la Seguridad Social.

1.5 Análisis estadístico del ayuno intermitente

El examen de la información fue dirigido. Las estimaciones de reposición del lapso de ayuno diario en el medidor, el año 1 y el año 4 se descompusieron mostrándolas como covariables de cambio de tiempo utilizando la recaída de los riesgos de Cox correspondientes. Estos modelos utilizaron el paso retardado para representar el desfase entre la determinación de la malignidad de la mama y la sección de examen y controlaron los factores acompañantes elegidos, inferidos en base a su relación conocida con el pronóstico de la enfermedad de la mama y, además, el término de ayuno diario: socioeconomía, número de comorbilidades, estadio y grado del tumor, tratamiento de radioterapia, uso de tamoxifeno y estado menopáusico, así como otros posibles factores de confusión dietéticos (por ejemplo, número de escenas de comida cada día, comer después de las 8 de la tarde o ingesta de kilocalorías). Asimismo, nos adaptamos para examinar los factores del plan, incluyendo la reunión entre sesiones y el lugar de estudio.

Se investigó la adaptación a otros factores relacionados con la enfermedad del pecho o la dieta, por ejemplo, el estado de los receptores de estrógeno y progesterona, la admisión de todas las grasas y almidones, y las puntuaciones de la lista de la dieta. Sea como fuere, debido a que estos factores no cambiaron los índices de peligro de ayuno diario en más de un 10%, fueron excluidos de los modelos modificados multivariantes. Nuestra apertura esencial del lapso de ayuno diario se organizó utilizando focos de corte de tertil para simplificar la comprensión. Consolidamos los últimos 2 tertiles a la luz del hecho de que no había pruebas de una relación de reacción de porción por debajo del tertil superior. Se inspeccionó y se cumplió el supuesto de riesgo correspondiente en todos los modelos de recaída de riesgo relativo de Cox, comprobando la significación de los términos de posición para nuestra variable de interés y el tiempo logarítmico.

Se utilizaron modelos de recaída directa para analizar la relación transversal del término de ayuno diario de referencia con los factores metabólicos y de modo de vida estimados para interconectar la duración del ayuno diario con los resultados de la enfermedad del pecho: HbA1c, PCR, archivo de peso (IMC) y descanso. En aras de la coherencia, estos modelos de recaída directa controlaron las covariables equivalentes a los modelos de recaída de los peligros correspondientes de Cox descritos anteriormente. Para mejorar la interpretabilidad de los indicadores de límite, utilizamos una unidad de investigación de 2 horas (alrededor de 1 SD) para la variable de lapso de ayuno diario. La proteína C-receptiva fue cambiada por el logaritmo para aproximar más fácilmente una dispersión gaussiana. Todas las pruebas fácticas fueron de dos caras y se establecieron.

1.6 Resultados

La muestra estaba formada por 2.413 pacientes con crecimiento mamario maligno pero sin diabetes, con una edad media (DE) de 52,4 años y un IMC (determinado como peso en kilogramos separado por la altura en metros al cuadrado) de 27. Un total de 2.064 miembros (85,5%) eran blancos y 1.335 (55,3%) estaban escolarizados. Los miembros revelaron una media (SD) de tiempo de ayuno diario de 12,5 horas y 4,4 escenas de comida cada día. El 33% de la muestra comsumió 25 kcal o más después de 20 horas. Un tiempo de ayuno diario corto (13 horas cada noche) se relacionó junto con la instrucción escolar, un IMC más bajo, una duración de descanso más limitada, una mayor ingesta de kilocalorías por parte de los propios participantes, escenas de comida adicionales y comer después de las 8 de la tarde.

En los modelos de recaída de peligro relativo de Cox, un ayuno diario corto estaba totalmente relacionado con un peligro ampliado de recidiva del crecimiento mamario maligno. En particular, el ayuno de menos de 13 horas cada noche estaba relacionado con un 36% de aumento del peligro de recurrencia de la enfermedad mamaria en contraste con el ayuno de al menos 13 horas cada noche. El corto período de ayuno diario no se relacionó con un mayor riesgo de mortalidad explícita por enfermedad mamaria o un mayor peligro de mortalidad por todas las causas. Asimismo, se analizaron estas afiliaciones utilizando modelos de riesgo competitivo, y el resultado permaneció inalterado.

Se trata de una investigación transversal de los biomarcadores e instrumentos que se supone que conectan el término de ayuno diario con la anticipación del crecimiento maligno del seno. Cada expansión de 2 horas en el término de ayuno diario se relacionó fundamentalmente con un nivel más bajo de HbA1c y con más períodos de descanso cada noche. El lapso de ayuno diario no estaba relacionado con las fijaciones de IMC o PCR. En cuanto a las prácticas dietéticas identificadas con el ayuno diario, cada escena de alimentación extra diaria se asoció con focos de HbA1c y PCR esencialmente más bajos y con un IMC más bajo. Comer después de las 20 horas se relacionó con fijaciones de PCR e IMC esencialmente más elevadas.

La asociación de 2.413 mujeres (edad media [DE], 52,4 años) anunció un ayuno nocturno medio (DE) de 12,5 horas. En los modelos de riesgo de recaída correspondientes a las medidas de Cox, el ayuno de menos de 13 horas durante la noche (los 2 tertiles inferiores de la extensión del ayuno diario) se asoció con un mayor riesgo de repetición de la enfermedad mamaria en contraste con el ayuno de al menos 13 horas durante la noche. El ayuno diario de menos de 13 horas no se relacionó con un riesgo realmente mayor de mortalidad por enfermedad mamaria ni con un riesgo significativamente mayor de mortalidad por todas las causas. En los modelos multivariables de recaída directa, cada ampliación de 2 horas en el lapso de ayuno diario se relacionó con niveles de hemoglobina A1C totalmente más bajos y con un mayor tiempo de descanso nocturno.

1.7 Discusión

En este enorme cómplice de pacientes con enfermedad mamaria en fase inicial, un ayuno diario corto (13 horas cada noche) se relacionó con un 36% más de peligro de recurrencia de la enfermedad mamaria. El ayuno diario corto no se asoció con un riesgo significativamente mayor de mortalidad temprana. Hasta donde sabemos, éste es el primer examen en humanos que inspecciona la relación entre el ayuno diario y los resultados de la enfermedad.

La información sobre la relación entre el ayuno diario y la tumorigénesis es limitada. En cualquier caso, en los sujetos, la limitación de calorías es un método viable para disminuir el crecimiento maligno y los factores de peligro relacionados con la enfermedad, y los estudios recomiendan que la limitación intermitente de calorías previene el avance de los tumores mamarios en un grado comparable, o significativamente más prominente, que la limitación constante de calorías. Con respecto a cualquier individuo, sólo 1 examen ha probado el impacto de la fiesta de tiempo en el movimiento del tumor en el tema: los que tienen regímenes de atención de tiempo confinado tenía un menor peso medio del tumor en contraste y el tema con la atención no esencial. No obstante, los sujetos con estos regímenes de cuidado confinados en el tiempo equivalentes que fueron atendidos durante el tiempo de apertura de la luz de 12 horas tenían pesos tumorales más bajos que los sujetos atendidos durante la oscuridad (los sujetos son nocturnos). Los creadores teorizaron que la hora de la cena durante la apertura de la luz proporcionaba un interior de sincronización que aliviaba el movimiento del tumor. Se espera que más y mejores contemplaciones de las criaturas den información robótica sobre el cuidado en tiempo confinado y el peligro de la enfermedad.

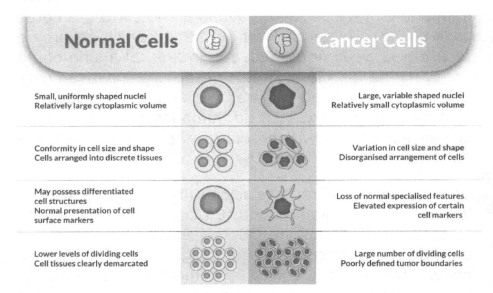

Normal Cells 👍	👎 Cancer Cells
Small, uniformly shaped nuclei Relatively large cytoplasmic volume	Large, variable shaped nuclei Relatively small cytoplasmic volume
Conformity in cell size and shape Cells arranged into discrete tissues	Variation in cell size and shape Disorganised arrangement of cells
May possess differentiated cell structures Normal presentation of cell surface markers	Loss of normal specialised features Elevated expression of certain cell markers
Lower levels of dividing cells Cell tissues clearly demarcated	Large number of dividing cells Poorly defined tumor boundaries

Los cambios metabólicos positivos relacionados con los regímenes de ayuno intermitente incorporan una mejor regulación de la glucosa. En este compañero de estudio WHEL, un plazo de ayuno diario más largo y más comidas sucesivas se relacionaron con un nivel de HbA1c fundamentalmente más bajo, predecible con una investigación pasada de 2212 damas en la Encuesta Nacional de Examen de Salud y Nutrición. Como se indica en el informe de acuerdo de la Asociación Americana de Diabetes/Sociedad Americana del Cáncer sobre la diabetes y el riesgo de enfermedad, podría haber un subconjunto de tumores para los que la hiperglucemia presenta una ventaja de desarrollo? Unos pocos exámenes han detallado la relación entre la diabetes así como la hiperglucemia y el pronóstico del cáncer de mama. Un examen de los pacientes con cáncer de mama en el cómplice encontró que, en contraste y las damas cuya HbA1c fue menos de 6,5%, el peligro de mortalidad por todas las causas fue dos veces mayor en las damas cuya HbA1c fue de 7,0% o más, y no había un enorme aumento del 30% en el peligro de recurrencia de la enfermedad de mama.

A pesar del hecho de que la rata considera demostrar que el cuidado de tiempo limitado puede disminuir los marcadores de agravamiento, nuestro examen no descubrió ninguna relación entre la duración del día a día de ayuno y la fijación de la PCR en pacientes con malignidad del seno. En cualquier caso, una nueva investigación de 2019 damas adultas en la Encuesta Nacional de Examen de Salud y Nutrición mostró que un término de ayuno diario más extenso estaba relacionado con focos de PCR esencialmente más bajos, sin embargo sólo en las damas que comían menos del 30% de sus calorías diarias después de las 5 pm.

Numerosos preliminares de ayuno intermitente en las personas han exhibido que los regímenes de ayuno conducen a la reducción de peso sin pretensiones. En cualquier caso, no descubrimos ninguna asociación entre el ayuno diario y el IMC, recomendando que los resultados constructivos del ayuno diario retrasado sobre la HbA1c y la previsión de malignidad del pecho podrían estar libres de IMC.

Por último, el ayuno diario retrasado y la alimentación más incesante estaban relacionados con una duración de descanso esencialmente más larga en nuestro examen. El consumo de alimentos en ocasiones inusuales (por ejemplo, a última hora de la tarde) puede provocar la desalineación de los ritmos circadianos, lo que puede afectar a los diseños de descanso y alterar los componentes metabólicos, como la glucorregulación. En particular, el desequilibrio circadiano se ha relacionado con un mayor riesgo de numerosos tumores malignos, como lo confirma la relación bien registrada entre el trabajo por turnos y el mayor riesgo de enfermedad mamaria.

Un punto fuerte único de este examen fue la evaluación del período de ayuno diario mediante la utilización de varias revisiones de 24 horas recogidas en focos de tiempo de informes recientes (calibre, año 1 y año 4). La utilización de numerosas evaluaciones de la duración del ayuno diario disminuyó dentro de la fluctuación individual en nuestra medida de apertura. Además, este plan permitió la utilización de una investigación de medidas rehechas para examinar la información dietética en los modelos de recaída de riesgos correspondientes a Cox, lo que amplió el poder de examen en comparación con el tamaño de la prueba. Sin embargo, la utilización de la información dietética detallada por el propio paciente es también un impedimento, ya que las revisiones se inclinan a varias predisposiciones.

No obstante, no está claro si la planificación autoanunciada de la admisión de energía es indefensa a las inclinaciones comparativas. Asimismo, dependimos de la información autoanunciada para la duración del descanso, el trabajo activo y las comorbilidades, que podrían depender de un error. Asimismo, a pesar del hecho de que el estado de ERBB2 se ha convertido en un indicador muy percibido de la visualización de la enfermedad del seno y la reacción a los tratamientos fundamentales, la prueba de ERBB2 no era una norma de la estrategia de atención en la hora de inicio del estudio. Posteriormente, los datos sobre el estado de

ERBB2 no eran accesibles para un número considerable de miembros, y esta variable se excluyó como covariable en los modelos factuales. Por último, nuestra investigación incorporó diferentes enfoques finales esenciales para la anticipación de la enfermedad del seno (es decir, la repetición del crecimiento maligno del seno, la mortalidad explícita del crecimiento maligno del seno y la mortalidad por todas las causas). Dado que se trataba de un examen exploratorio de una nueva relación para un factor de peligro modificable, no nos adaptamos a varias correlaciones. Posteriormente, podría haber una probabilidad ampliada de un error de tipo I.

1.8 El ayuno intermitente frente a la restricción dietética en el tratamiento del cáncer

El enfoque dietético para los pacientes con crecimientos malignos que reciben quimioterapia, según la Sociedad Americana del Cáncer, es aumentar la ingesta de calorías y proteínas. Sin embargo, en los seres vivos directos, en los sujetos y en las personas, el ayuno—sin ingesta de calorías—evita una amplia gama de cambios relacionados con la seguridad celular que serían difíciles de conseguir incluso con una mezcla de fármacos potentes. En los animales de sangre caliente, el impacto defensivo del ayuno se ve intervenido, en cierta medida, por una reducción de más de la mitad de los niveles de glucosa y del factor de desarrollo similar a la insulina 1 (IGF-I). Dado que los protooncogenes funcionan como controladores negativos clave de los cambios defensivos desencadenados por el ayuno, las células que comunican oncogenes, y en consecuencia la increíble parte del león de las células enfermas, no deberían reaccionar a las señales defensivas producidas por el ayuno, adelantando la seguridad diferencial (oposición de presión diferencial) de las células típicas y malignas.

Los primeros informes demuestran que el ayuno de hasta 5 días seguido de un régimen alimenticio típico puede igualmente asegurar a los pacientes contra la quimioterapia sin causar una reducción de peso constante. Por otro lado, la limitación prolongada del 20-40% en la admisión de calorías (limitación dietética, DR), cuyos impactos en el movimiento de la malignidad han sido ampliamente leídos, requiere semanas-meses para ser viable, provoca cambios sustancialmente más discretos en la glucosa y, además, los niveles de IGF-I, y avanza la reducción de peso en curso en los dos sujetos y las personas. En esta investigación, la auditoría de la esencial al igual que los exámenes clínicos sobre el ayuno, el seguro de la célula y la oposición a la quimioterapia, y el contraste con los de la RD y el tratamiento de crecimiento maligno. Aunque los exámenes preclínicos y clínicos adicionales son esenciales, el ayuno puede posiblemente convertirse en mediaciones clínicas convincentes para el aseguramiento del paciente y la mejora del archivo de remediación.

1.9 Resistencia al estrés e inanición

La mayoría de las formas de vida viven en condiciones de accesibilidad fluctuante a los alimentos, donde la inanición es una condición que se experimenta habitualmente. En consecuencia, el agotamiento de los suplementos ha sido un impulso principal para el desarrollo, eligiendo entidades orgánicas preparadas para soportar la inanición. Dado que durante las épocas de escasez de alimentos los seres vivos se ven expuestos a una gran variedad de amenazas, como la radiación ultravioleta, el calor, el frío, etc., la variación de la inanición requiere que la forma de vida ponga energía en varios marcos defensivos para limitar el daño que podría disminuir el bienestar. Por ejemplo, la levadura cambiada de medio de glucosa y etanol a agua se vuelve impermeable a varios tipos de presión y extensa. Como se examina más adelante, el apoyo de las vías de desarrollo, incluidos los promulgados por los suplementos o factores de desarrollo, tienen trabajos focales en la evitación de la sección en este modo asegurado.

DR es un término generalmente utilizado para representar una disminución del 20-40% en la ingesta de calorías, a pesar de que también puede aludir a las limitaciones bastante graves o disminución o ausencia de la ingesta diaria de segmentos específicos de la rutina de los alimentos, tales como aminoácidos, proteínas o grasas. A pesar de que la RD también puede representar la ausencia total de ingesta de alimentos o calorías, utilizaremos los términos ayuno o inanición para no chocar con el uso más normal de RD. Tanto DR y el ayuno han aparecido para avanzar en la obstrucción de la presión, así como la vida útil en las formas de vida modelo que van desde la levadura unicelular a las criaturas bien parcialmente evolucionado, mediante el control de abajo salvó proteínas suplementarias de abanderamiento, o por los factores de iniciación de registro de la oposición a la presión contrariamente gestionado por estos favorables a las vías de maduración. Estas vías tienen numerosos impactos administrativos que recuerdan a los del desarrollo celular, la digestión y el seguro contra los oxidantes y diferentes venenos.

El ayuno intermitente provoca una disminución crítica de los niveles de IGF-I en curso. El medio conservado IGF-I vías de señalización contrariamente dirigir el grupo de factores de registro a través de. Además, el trabajo aguas abajo de IGF-I, aunque sus partes en la dirección de la oposición al estrés y la maduración son inadecuadamente percibidos. Inadecuado tema en el tipo (AC) están seguros de la presión. Sorprendentemente, las transformaciones oncogénicas que causan IGF-I hiper iniciación y PKA se encuentran entre los más ampliamente reconocidos en los tumores humanos.

Las especies de oxígeno receptivas producidas a causa de numerosos medicamentos quimioterapéuticos pueden causar una amplia gama de anormalidades hereditarias, incluyendo roturas de la cadena de ADN y alteraciones de bases/nucleótidos (Burney et al., 1999). En efecto, se necesita un marco resistente que funcione para aplazar el desarrollo de la malignidad o adelantar la recaída de la enfermedad a causa de algunos fármacos quimioterapéuticos, lo que demuestra que el daño oxidativo puede, en muchas ocasiones, dificultar que las células sean distinguidas y aniquiladas adecuadamente por el marco insusceptible, disminuyendo posteriormente la viabilidad de la quimioterapia. Por ejemplo, las células T ejecutoras características son necesarias para el impacto dañino del oxaliplatino y la luz en las células malignas, que además están dirigidas a aislar rápidamente las células típicas invulnerables.

Muy posiblemente el cambio inducido por el ADN más conocido por las especies de oxígeno es la transformación de la guanina en 7,8-dihidro-8-oxoguanina. Este daño puede causar cambios en el ADN atómico y, además, mitocondrial, pero también puede causar ajustes epigenéticos, lo que lleva a la desregulación celular y el cambio peligroso. Los seres vivos básicos como la levadura y los microbios, en cierta medida debido a su impotencia para escapar de las condiciones brutales, han avanzado marcos que pueden construir la protección de numerosos putos, de vez en cuando por algunos grados significativos. Este modo asegurado da la impresión de estar en todo caso mayormente conservado en numerosas especies. En la procariota E. coli, la ausencia de glucosa o nitrógeno (equivalente a la limitación de proteínas en las criaturas de sangre caliente) aumenta la protección contra grados innegables de agua. En numerosas especies bacterianas, la inanición instiga la articulación del factor explícito de fase fija, que controla así una enorme disposición de cualidades de salvaguarda del estrés, específicamente la presión oxidativa.

En la levadura, la disminución de la glucosa (2-0,5%) construye la seguridad contra la presión oxidativa, aunque la inanición completa cambiando el número de habitantes en las células al agua, y eleva la seguridad a los conjuntos oxidativos y el aturdimiento de calor y un aumento significativo de la esperanza de vida. Aunque los sistemas atómicos exactos del seguro extendido por el ayuno no pueden actualmente ser retratados en detalle, en la levadura incluyen la acción disminuida de las vías de abanderamiento de la suplementación y la acción de los factores de registro descendente controlados por estas vías. A decir verdad, la anulación de los elementos de registro y Gis1 da la vuelta a la seguridad provocada por la limitación de la glucosa o las condiciones de inanición, recomendando una parte importante para las cualidades comprometidas con la digestión, el seguro celular y la fijación gestionada por estas variables en la oposición a la presión subordinada a la inanición.

Además, los gusanos aumentan su protección contra las agresiones oxidativas durante el ayuno. Como un reloj, el ayuno aumenta la protección contra el estrés oxidativo, así como la esperanza de vida de los gusanos hasta en un 56%, mediante el ajuste de la vía de señalización RHEB-1 y TOR, ambas conectadas al factor transcripcional homólogo DAF. Alternativamente, la glucosa exorbitante abrevia la vida de los gusanos, en cierta medida, al disminuir la acción de DAF-16.

En las moscas, la seguridad subordinada al ayuno contra la presión oxidativa es intervenida por d4E-BP, que actúa aguas abajo de la vía y sofoca la interpretación. Durante el ayuno, las moscas incrementan el flujo de salida de d4E-BP, a lo largo de estas líneas sofocando la interpretación de eIF4B-subordinada, un componente estable con la necesidad de redirigir la energía del desarrollo al seguro. Eminentemente, las moscas bajo DR moderado no están asegurados contra el daño oxidativo después de la lesión de anoxia / reoxigenación, aunque un grave DR que está cerca de la inanición puede disminuir el daño

Como se habla con más detalle más adelante, en el tema, el ayuno durante sesenta horas amplía la seguridad de la presión oxidativa y asegura tres cepas únicas de sujetos a etopósido, un medicamento conocido para avanzar en la presión oxidativa, con una mejora sorprendente en la resistencia contrastada y sus compañeros típicamente atendidos. Por otra parte, 72 horas de ayuno escudos de la raza CD-1 tema de las porciones mortales de la doxorrubicina, un medicamento, además, sabe que la causa de la muerte por la presión oxidativa incitado cardio nocividad. Los estudios muestran además que el ayuno protege contra la lesión por isquemia en el cerebro del sujeto, el riñón y el hígado del ratón y el hígado humano. Además, el ayuno después de una lesión mental horrible termina siendo neuroprotector, provocando la disminución del daño oxidativo y la mejora de la capacidad intelectual.

1.10 Papel de las vías de señalización de nutrientes en la resistencia al estrés

Las vías de señalización de suplementos limitados por la insulina y, además, el pivote GH/IGF-I son controladores significativos tanto de la esperanza de vida como de la capacidad de respuesta al estrés, como demuestran las concentraciones en los sujetos. En la levadura, el agotamiento de la adenilato ciclasa prolonga la esperanza de vida en más de un 200%, a la vez que proporciona una obstrucción prolongada de la presión contra los oxidantes, las genotoxinas y el calor aturdidor. Además, en edad-1 (homólogo de PI3K) y daf-2 (homólogo del receptor de insulina/IGF-I) las transformaciones extienden la esperanza de vida en las formas de vida adultas en un 65-100% al disminuir la señalización de AKT-1/AKT-2 y desencadenar el factor de registro DAF-16, a la vez que se eleva la protección contra el estrés oxidativo y del RE. Asimismo, se cree que DAF-16 se gestiona de forma opuesta, lo que está controlado por el homólogo de PI3K AGE-1; se ha demostrado que los fenómenos de AGE-1 son impermeables al estrés oxidativo. Estos cambios en la duración de la vida están generalmente relacionados con la captación de factores de registro opuestos al estrés, la superóxido dismutasa y las proteínas de aturdimiento por calor (HSP) tanto en la levadura como en los gusanos.

En D. melanogaster, los cambios en el sustrato del receptor de insulina prolongan la vida útil, aunque su papel en la oposición al estrés no está claro. En el sujeto, la oposición a la presión y la esperanza de vida están limitadas por el pivote GH/IGF-I y los ortólogos descendentes de las cualidades que controlan la obstrucción a la presión y, además, la duración de la vida en la levadura y los gusanos. En consonancia con los hallazgos en eucariotas inferiores, los ejercicios de las proteínas antioxidantes superóxido dismutasas y catalasa están disminuidos en los hepatocitos murinos presentados a GH o IGF-I y en los sujetos transgénicos que sobreexpresan GH. Además, las células refinadas obtenidas de sujetos resistentes con insuficiencias en el eje GH/IGF-I son impermeables a la presión oxidativa, a los rayos UV, a las genotoxinas, al calor y al cadmio, a pesar de estar refinadas en un medio estándar, lo que recomienda que una parte de los impactos defensivos observados en las formas de vida extensas podría deberse además a los cambios epigenéticos obtenidos durante la apertura persistente a factores de desarrollo disminuidos.

En los sujetos, IGF-I disminuye la reacción de estrés celular y la declaración de las proteínas de reacción de estrés HSP72 y hemo oxigenasa. En las neuronas esenciales IGF-I agudiza las células a la presión oxidativa por un instrumento-dependiente, y los ensayos en sujeto esencial glia y fibroblastos de ratón proponen que IGF-I agudiza contra el daño oxidativo y las drogas de quimioterapia.

En conjunto, los resultados del alcance de los estudios y las formas de vida retratadas anteriormente muestran que la oposición a la presión mejorada es un agregado excepcionalmente monitoreado de entidades orgánicas hambrientas y aparentemente perpetuas, que es mayormente intervenido por la directiva descendente de la bandera de GH e IGF-I.

Capítulo 2: Capítulo 3. Eficacia del ayuno intermitente para reducir el índice de masa corporal

Los impactos de una dieta de ayuno intermitente (IFD) en todo el mundo son todavía cuestionables. En esta investigación, planeamos evaluar eficazmente la viabilidad de una IFD para disminuir el archivo de peso y la digestión de la glucosa en todas las personas sin diabetes mellitus. Se buscaron conjuntos de datos para distinguir los preliminares controlados aleatorios y los preliminares clínicos controlados que contrastaron una IFD y un régimen alimenticio habitual o una dieta de limitación de calorías sin parar. La adecuación de una IFD se evaluó mediante la distinción de la media ponderada (WMD) para algunos factores relacionados con los límites glucometabólicos, incluyendo el archivo de peso (IMC) y la glucosa en ayunas. Los contrastes medios agrupados de los resultados se determinaron utilizando un modelo de impactos intermitentes. De 2814 exámenes distinguidos a través de una búsqueda por escrito, elegimos por fin 12 artículos (545 miembros). Contrastado y una dieta de control, un IFD se relacionó con una enorme disminución en el nivel de glucosa en ayunas del IMC y la evaluación del modelo homeostático de la oposición a la insulina. La masa de grasa generalmente disminuiría en el grupo IFD con una expansión crítica de la adiponectina, una disminución de los niveles de leptina. Una IFD puede dar una ventaja metabólica crítica a través de la mejora del control glucémico, la obstrucción de la insulina, y el enfoque adipokine con una disminución del IMC en los adultos.

2.1 Criterios de elegibilidad

Las normas de incorporación del escrito fueron las siguientes concentrados en todos los que no tenían enfermedades persistentes que pudieran influir en la digestión de la glucosa, incluida la diabetes mellitus (pacientes, P); los que consideraban una IFD (intercesión, I); los que pensaban en los grupos de referencia, régimen alimenticio estándar (RD) o control de la dieta RC consistente sin ayuno (12 horas) (correlación, C); y los que representaron la glucosa en ayunas, la evaluación del modelo homeostático de oposición a la insulina (HOMA-IR), el peso corporal absoluto, el archivo de peso (IMC), la masa en forma, la masa grasa, la leptina y la adiponectina (resultado, O), tal y como indicaba la pregunta de exploración (PICO). Sólo se calificaron los preliminares controlados de los programas de dieta administrados. Los estudios se restringieron a las intercesiones que tenían una duración básica de un mes. Asimismo, se eligieron sólo investigaciones que introdujeran la media y la desviación estándar de los resultados.

Se excluyeron los exámenes sobre pacientes con diabetes mellitus, enfermedades hepáticas en curso, enfermedades renales constantes y estudios sobre el embarazo (P); los que elaboraban una mezcla con mediación dietética de limitación de suplementos explícita (I); los que contrastaban y un tipo alternativo de IFD (C); y los que tenían resultados distintos del límite de la digestión de la glucosa, como el límite mental (O). La redacción fue elegida libremente por dos científicos y los casos de intermitencia se resolvieron mediante una conversación exhaustiva. En cuanto a la probabilidad de que algunos artículos pudieran pasar desapercibidos por los términos de búsqueda anteriores, se buscaron adicionalmente documentos de auditoría de puntos comparables para comprobar si había artículos relacionados con una extracción de información similar.

La glucosa en ayunas, el HOMA, el IMC, la masa grasa, la masa magra, la leptina, la adiponectina y el peso corporal completo se utilizaron como factores para el impacto de una IFD y se determinaron utilizando la media, la desviación estándar, el número de miembros, al igual que el patrón y las últimas cualidades. Se inspeccionó detalladamente la sustancia del escrito y se codificaron e introdujeron los tipos de dieta IFD y de control. En el caso de que hubiera un resultado matemático debido al grupo de referencia distintivo en la sustancia de un registro, la información se separó por clasificaciones para el grupo de referencia y los errores que se produjeron debido a la duplicación de informes similares se mejoraron utilizando procedimientos medibles.

Análisis de las estadísticas

Para mejorar la auditoría precisa, se realizó una meta-investigación. Se utilizó para incorporar los tamaños de impacto de los 12 registros elegidos. El contraste medio ponderado (WMD) entre las estimaciones estándar y las últimas de la glucosa en ayunas, HOMA-IR, IMC, masa grasa, masa en forma, leptina, adiponectina y peso corporal completo según lo indicado por la intercesión se consideraron como el tamaño del impacto, y la estrategia de fluctuación opuesta se utilizó a la luz del hecho de que las cualidades eran factores incesantes. Se eligió el modelo de impactos arbitrarios debido a la variedad y heterogeneidad de la intercesión. La heterogeneidad se evaluó utilizando la medida I2 en todas las investigaciones. Las estimaciones de I2 se descifraron de la siguiente manera: 0% a 40%, sin heterogeneidad significativa; 30% a 60%, moderada; mitad a 90%, generosa; y 75% a 100%, heterogeneidad impresionante. La heterogeneidad de los impactos agrupados entre subgrupos se determinó utilizando la medición. Se utilizó una técnica de trazado de tuberías para comprobar la posible inclinación de la distribución.

2.3 Resultados

Para nuestra investigación se eligieron 2814 exámenes mediante la técnica de la caza. Después de extraer 1216 registros de copias, se examinaron los títulos y las obras modificadas de 1598 investigaciones, y se evitaron 1097 obras que no tenían importancia con la primera encuesta, tal como indicaba el PICO. Entre las 501 revisiones elegidas mediante la investigación de los títulos y las obras modificadas, se recordaron finalmente 12 revisiones para esta revisión. El número absoluto de miembros fue de 545 (261 en el grupo de mediación y 284 en el grupo de referencia; 210 o 38,5% hombres y 335 o 61,5% mujeres).

Impacto del ayuno intermitente en el IMC

Un conjunto de ocho investigaciones proporcionó detalles sobre los impactos de una IFD en el IMC. Siete exámenes evaluaron la intercesión de la dieta solamente, y una de las investigaciones encuestó la mediación de la dieta con el ejercicio, que se encuestó de manera similar en el grupo de referencia. No se observó ninguna diferencia entre los dos grupos para el IMC en el punto de referencia. Después de la mediación del régimen alimenticio, el IMC fue fundamentalmente inferior en el grupo de la IFD en 0,75 kg. La IFD también estaba relacionada con un patrón de reducción del peso corporal. Una suma de 10 exámenes cubrió los impactos de una IFD en el peso corporal. Todas las sutilezas de las progresiones en el peso corporal se introdujeron en kilogramos (kg). No se observó ninguna diferencia en el peso corporal en el momento de la prueba entre los dos grupos. El peso de los miembros fue menor en el grupo de IFD en 1,94 kg, sin importancia fáctica.

Impacto del ayuno intermitente (FI) frente a un control sin ayuno en el registro de peso (cambios respecto al punto de referencia) en adultos sin infección metabólica constante. Los cuadrados muestran los medidores de resultados explícitos de la investigación, y el tamaño de los cuadrados se compara con el peso del examen en la meta-investigación. Las líneas de nivel significan el alcance del intervalo de certeza del 95%. Las joyas muestran los calibradores agrupados. Las cargas provienen de la investigación de impactos arbitrarios.

Impacto del ayuno intermitente en el control glucémico

Una suma de ocho investigaciones dio cuenta de la viabilidad de un IFD para disminuir los niveles de glucosa en ayunas. Seis estudios evaluaron el ayuno intermitente en particular, y dos estudios diferentes estudiaron el ayuno intermitente con ejercicio. No se observó ninguna diferencia entre los dos grupos en cuanto a la glucosa en ayunas en el momento de la referencia. Después de la intervención, se afirmó una disminución crítica del nivel de glucosa en ayunas. La IFD también se relacionó con la reducción del HOMA. Una suma de seis exámenes escribió sobre la adecuación de un IFD para disminuir los niveles de HOMA-IR. Los niveles de HOMA de los miembros fueron más bajos en el grupo de IFD por 0,54 después de la mediación de la dieta.

No muestran enormes contrastes entre los dos grupos, tanto en el estándar y después de la intercesión de la dieta. A pesar de que sin importancia medible, una IFD se relacionó con un patrón hacia la disminución de la masa grasa. La masa grasa fue mayor en el grupo de IFD en el patrón, en cualquier caso, fue menor después de la mediación. A pesar de que no hubo un gran cambio en la masa grasa después de un IFD, un IFD se relacionó con una expansión en el nivel de adiponectina y una reducción en el nivel de leptina; sin la distinción en el patrón.

2.4 Discusión

El mejor nivel de calidad de la administración de la gordura o el sobrepeso es del 20% al 30% de RC junto con una alteración de gran alcance en la forma de vida, sin embargo, la adquisición de peso de rebote es un problema real de la disminución de peso ejecutivo en circunstancias clínicas. En los últimos tiempos, una IFD ha ido adquiriendo ubicuidad como técnica electiva para lograr y mantener la disminución de peso. Teniendo en cuenta la disparidad de la viabilidad de la IFD en la digestión de la glucosa y la ausencia de pruebas en metainvestigaciones, dirigimos una búsqueda metódica y elegimos 12 exámenes. Sobre la base de esta meta-investigación, afirmamos una mejora en la glucosa en sangre en ayunas y la oposición de la insulina a través de IFD en contraste y un grupo de control sin ayuno.

Esto se identifica con una disminución del IMC y una disminución del nivel de leptina, así como un aumento del nivel de adiponectina. La masa magra se conservó en general en el grupo de IFD, sin embargo, no se reconoció una gran disminución de peso. En investigaciones anteriores, la disminución general de peso de una IFD y de una RC diaria (de un 15% a un 60% de la admisión típica de calorías de forma constante) fueron comparables entre los dos grupos. En esta investigación, el examen del peso corporal total incorporó un documento adicional con un nivel más serio de dieta RC consistente como grupo de referencia, lo que aclara por qué hubo un error realmente extraordinario entre el peso corporal absoluto y el IMC en esta investigación.

En cuanto a la adecuación de la IFD en la digestión de la glucosa, siguen existiendo numerosas dificultades. En algunas investigaciones anteriores, el impacto de la IFD sobre la glucosa en sangre no fue enorme, y hubo diversos descubrimientos según las cualidades de los miembros. Se observó una disminución del 3% al 6% en la glucosa en ayunas en pacientes con prediabetes, sin embargo no se observó un enorme impacto en el foco de glucosa en ayunas en personas sólidas. En este examen, incorporamos todas las investigaciones de los miembros con o sin prediabetes, a la luz del hecho de que la importancia de la prediabetes era frecuentemente indistinta en los exámenes anteriores. En consecuencia, descubrimos una mejora de la glucosa en sangre y de la obstrucción de la insulina en todo el mundo con la incorporación de algunas agrupaciones corpulentas con prediabetes de la población. La obstrucción de la insulina está relacionada con el avance de la DM. Por lo tanto, la IFD puede ser más valiosa para los pacientes con una alta oposición a la insulina que tienen probabilidades de avanzar hacia la DM.

Los impactos ventajosos de una IFD recordando los impactos para la digestión de la glucosa se respetan regularmente para ser impulsado por la disminución del peso corporal o potencialmente músculo a la proporción de grasa. La IFD anterior contempla que la intercesión de la dieta ADMF o ADF con un nivel moderadamente severo de RC trajo consigo disminuciones clínicamente significativas en el peso corporal, mientras que se logró una disminución de peso generalmente pequeña (5,0 kg) en los exámenes de IFD que recibieron una dieta TRF con poco nivel de RC. Además, no se observó ninguna reducción de peso crítica en las investigaciones que cambiaron el tiempo de ayuno manteniendo la ingesta de todas las calorías. A lo largo de estas líneas, el sistema fisiopatológico fundamental de la reducción de peso a través de un IFD probablemente va a ser una disminución de las calorías completas quemadas a través. En esta investigación, no se observó ninguna reducción de peso crítico en el grupo de IFD cuando se contrasta con el grupo de control sin ayuno. La aclaración fundamental para este resultado puede ser la mezcla de atributos del grupo de referencia que incluye tanto a los grupos de RC como de RD consistentes. En general, se observó una propensión a la reducción de peso en el grupo IFD y una disminución crítica en el examen del IMC.

Se sabe que entre una cuarta parte y un 33% de la disminución de peso corresponde a tejido magro durante la RC consistente, aunque la masa magra se ha salvado en muchas investigaciones anteriores bajo la mediación de una dieta IF. Además, en este examen, la masa magra no mostró un contraste crítico cuando la intercesión de la rutina de alimentación. Ajuste de impulsar el músculo frente a la pérdida de grasa y la limitación de la pérdida de masa magra es una de las formas significativas fisiopatológico para hacer frente a mantener la capacidad real y la disminución de la oposición de la insulina. La preservación de la masa magra puede haber añadido a la expansión de la disminución de HOMA.

Aunque la disminución de la masa grasa durante una IFD no fue realmente enorme, después de la mediación, se observó una expansión crítica en el nivel de adiponectina y una disminución en el nivel de leptina. La leptina y la adiponectina son sustancias químicas deducidas del tejido graso y están relacionadas con la digestión de la glucosa. Una disminución de los focos de leptina suele ir acompañada de una disminución de la masa grasa. Los niveles de adiponectina están relacionados negativamente con la oposición a la insulina, la masa grasa y el transporte de grasa focal, y en función de esta investigación, proponemos que una IFD está relacionada con una mejor dispersión de la grasa focal.

Pensando en los beneficios de una IFD y su componente de varios resultados cuando se contrasta con la RC consistente, la importancia del marco de tiempo de ayuno se ha considerado en la investigación anterior. Después de 12 horas de ayuno, la lipólisis comienza en el tejido adiposo y luego se mueve la digestión de la acumulación de grasa y la unión de los lípidos a la activación de la grasa como un tipo de grasa insaturada determinada cetonas. Esto puede ser necesario para disminuir la masa grasa y mejorar la obstrucción de la insulina. Con la admisión comparativa de calorías disminuye durante la RC persistente, esta distinción en el tiempo de ayuno influye en la masa de tejido adiposo y la circulación, por fin tener un efecto sobre la digestión de la glucosa, al igual que los cambios en el nivel de adipokine. Además, como beneficio normal de la IFD en contraste con la RC consistente, una IFD puede ser soportada con mayor consistencia y podría tener un impacto más enorme en la disminución de la masa grasa y la obstrucción de la insulina a lo largo del período de ayuno.

La relación de la cadencia circadiana con una IFD es una cuestión importante. En un nuevo informe, se contabilizó el aumento del peligro de infección cardiovascular en una población sin o con sólo un desayuno básico. Saltarse el desayuno está relacionado con un incremento en la llegada de sustancias químicas del estrés. Además, un examen demostró que la reducción de peso y la mejora de la obstrucción de la insulina se observaron esencialmente en una reunión que quemaba más calorías al principio del día y menos por la noche, en condiciones de limitación calórica comparativa. El tipo de intercesiones en los exámenes recordados para esta investigación fueron variados, y hubo un impedimento para realizar más exámenes. Los preliminares controlados al azar en condiciones refinadas podrían ser útiles para explicar la relación con la musicalidad circadiana.

Este examen tenía algunos límites diferentes. En primer lugar, sólo se eligieron investigaciones que introdujeron la media y la desviación estándar del producto inicial y final con un grupo de referencia. Por lo tanto, el número de miembros recordados para el examen fue pequeño. En segundo lugar, sólo incorporamos a todos los que no tenían una infección metabólica en curso, y en este sentido no pudimos decidir a través de esta investigación si una IFD es convincente en pacientes con una enfermedad metabólica persistente, por ejemplo, la diabetes mellitus. El grupo de intercesión incluyó diferentes tipos de IF, y el nivel de limitación calórica cambió igualmente. Los grupos de control sin ayuno también cambiaron de RD a RC persistente. A pesar de esta variedad, el examen de los subgrupos fue restringido debido al número insuficiente de estudios. En cuanto a los aspectos matemáticos de la pertenencia, incluida la identidad, algunos exámenes mostraron atributos heterogéneos y otros no aportaron datos adecuados, por lo que no pudimos realizar más investigaciones. En tercer lugar, dado que los concentrados elegidos tenían todos intercesiones en el momento presente (de cuatro a 24 semanas), es restringido anticipar los impactos a largo plazo de la IFD.

En ciertos aspectos, estas restricciones pueden suplir las cualidades. Este examen se llevó a cabo para desglosar las investigaciones apenas refinadas con un grupo de referencia. Los miembros de este examen se dirigen a todas las personas con un amplio alcance de IMC y, en consecuencia, afirman la idoneidad de la IF en toda la comunidad inclusiva sin enfermedad metabólica persistente. A través de esta investigación, encontramos que la FI mejora la digestión de la glucosa a través de la lipólisis, afirmando la distinción en el IMC, HOMA-IR, el nivel de leptina y el enfoque de adiponectina entre los miembros. A través de las consecuencias de esta investigación, podemos anticipar una mejora en la dispersión de la grasa durante una IFD, en cualquier caso, se requieren más exámenes para explicar esta ventaja de la IFD.

Teniendo todo en cuenta, la IF en conjunto mejora el control glucémico y la obstrucción de la insulina con una disminución en el IMC, una reducción en el nivel de leptina, y un aumento en la fijación de la adiponectina en todas las personas sin enfermedad metabólica persistente.

2.5 El ayuno intermitente y el horario de las comidas

La gordura sigue siendo una preocupación importante para el bienestar general y el ayuno intermitente es un procedimiento famoso para la reducción de peso, que puede introducir ventajas médicas gratuitas. No obstante, la cantidad de libros de dietas que exhortan a consolidar el ayuno en nuestro día a día es mucho más notable que la cantidad de estudios preliminares que analizan si el ayuno debe ser apoyado de alguna manera. Este estudio considerará el estado de la disposición actual con respecto a diferentes tipos de ayuno intermitente (por ejemplo, el 5:2, el cuidado de tiempo confinado y el ayuno de día sustitutivo). La viabilidad de estos enfoques caracterizados transitoriamente muestra ampliamente comparable a la de la norma día a día la limitación de la energía, aunque un número significativo de estos modelos de ayuno intermitente no incluyen trató de los ciclos de abstinencia cada uno y cada otro ciclo de vigilia de 24 h de descanso, así como la licencia de algunos restringido la admisión de la energía fuera de la ingesta recomendada de veces.

Apropiadamente, el marco de tiempo de intercesión de esta manera no puede sustituir constantemente, no puede atravesar todo o incluso la mayor parte de algún día al azar, y no puede incluir el ayuno absoluto. Esto es significativo a la luz del hecho de que posiblemente instrumentos fisiológicos beneficiosos pueden ser iniciados si un estado de post-absorción es apoyado por el ayuno continuo para una longitud más prolongada que la aplicada en numerosos preliminares. En realidad, se han contabilizado consecuencias prometedoras para la masa grasa y la afectabilidad de la insulina cuando el lapso de ayuno se alcanza regularmente más allá de dieciséis horas secuenciales. De cara al futuro, será necesario poner a prueba estos modelos con los controles adecuados para determinar si los posibles efectos del ayuno intermitente sobre el bienestar se deben esencialmente a los períodos de posabsorción prolongados o, básicamente, al balance energético neto negativo provocado por cualquier tipo de limitación dietética.

El ayuno intermitente es un término amplio que incluye una variedad de proyectos que controlan la circunstancia de los eventos alimenticios utilizando dietas transitorias para mejorar la creación del cuerpo y el bienestar general. Este estudio examina los proyectos de ayuno intermitente para decidir si son convincentes para mejorar la estructura corporal y los marcadores clínicos de bienestar relacionados con la infección. Las convenciones de ayuno intermitente pueden ensamblarse en ayuno de día sustitutivo, ayuno de día completo y atención limitada en el tiempo. Los preliminares de ayuno de días sustitutos de 3 a 12 semanas de duración dan la impresión de ser viables para disminuir el peso corporal (3%-7%), la relación músculo-grasa (3-5,5 kg), el colesterol completo (10%-21%) y los aceites grasos (14%-42%) en personas de peso normal, con sobrepeso y corpulentas. Los preliminares de ayuno durante todo el día que duran entre 12 y 24 semanas también disminuyen el peso corporal (3%-9%) y el músculo frente a la grasa, y mejoran los lípidos sanguíneos (5%-20% de disminución del colesterol completo y 17%-mitad de disminución de los aceites grasos). El examen de la toma de tiempo confinado es restringido, y los extremos claros no se puede hacer a partir de ahora. Los exámenes futuros deberían examinar los impactos a largo plazo del ayuno intermitente y los probables impactos sinérgicos de unir el ayuno intermitente con el ejercicio.

Las dietas que utilizan el ayuno intermitente (FI) como una estrategia esencial para controlar el peso han ganado prominencia en los últimos tiempos, pero los trabajos dietéticos que incluyen el ayuno también se han seguido durante mucho tiempo por razones estrictas (es decir, el Ramadán). A pesar de las explicaciones detrás de participar en IF, los efectos sobre el peso delgado (LBM) podría ser desfavorable. Investigaciones anteriores han demostrado que la preparación de la oposición avanza la acumulación de LBM, sin embargo, independientemente de si esto realmente sucede durante la FI es indistinto. Por lo tanto, el objetivo de esta evaluación es diseccionar deliberadamente los exámenes humanos que investigan los impactos de las variedades de IF junto con la preparación de la obstrucción en los cambios de LBM en individuos inactivos o preparados de antemano (sin clase mundial).

Los cambios en el peso corporal y la masa grasa y la adherencia a la convención fueron encuestados como un objetivo auxiliar. Esta encuesta siguió las cosas favorables que se anuncian para las auditorías ordenadas y se buscaron conjuntos de datos de meta-exámenes para los artículos que investigan la FI, junto con la preparación de la oposición que detallan las proporciones de la organización del cuerpo. Ocho investigaciones cumplieron las normas de calificación. La LBM se mantuvo en general, mientras que una investigación anunció una enorme expansión de la LBM. La masa muscular frente a la grasa o la tasa se redujo esencialmente en cinco de las ocho investigaciones. Los resultados proponen que la FI emparejada con la preparación de la obstrucción por lo general cuida de la LBM y puede igualmente avanzar la desgracia de la grasa. El examen futuro debe inspeccionar los impactos a largo plazo de los diferentes tipos de FI junto con la preparación de la oposición en contraste con los tipos habituales de limitación de energía.

En el transcurso de los últimos 10 a 15 años, el ayuno intermitente ha surgido como una forma caprichosa de abordar la disminución del peso corporal y mejorar el bienestar metabólico más allá de la simple limitación calórica. En este estudio, resumimos los hallazgos identificados con el ayuno del Ramadán y la Sunnah. En ese punto examinamos la parte de la limitación calórica como una intercesión para el control de peso, pero significativamente, como una metodología para la maduración sólida y la vida útil. Por último, auditamos los cuatro procedimientos más básicos de ayuno intermitente (FI) utilizados hasta la fecha para el peso de la tabla y para mejorar el bienestar cardio-metabólico. La reducción de peso es regular después de IF sin embargo no tiene todas las marcas de no ser el mismo que día a día la limitación de calorías cuando se piensa en ello directamente. En la posibilidad de que también puede dar ventaja adicional cardio metabólico, como la agudización de la insulina, que es autónomo de la reducción de peso. Mientras que ninguna rutina de ayuno en particular se destaca como inigualable a partir de ahora, hay en realidad la heterogeneidad en las reacciones a estos extraordinarios IF comer menos carbohidratos. Esto recomienda que una rutina dietética puede no ser indiscutiblemente apropiada para cada individuo. Los exámenes futuros deberían pensar en metodologías para ajustar las soluciones dietéticas, incluyendo la FI, en vista de la composición de los fenotipos de vanguardia y el genotipo antes de la iniciación de la dieta.

El objetivo era determinar si el ayuno intermitente mejora la reducción de peso o la ganancia muscular en personas menores de 60 años. Se buscaron varios conjuntos de datos hasta mayo de 2020 para concentrados en inglés utilizando términos de texto y palabras que relacionan el ayuno intermitente, la reducción de peso y las ganancias musculares. La convención se inscribió en PROSPERO. La calidad de los estudios se evaluó mediante la estrategia NICE. Se evaluó un total de 10 artículos únicos. Ocho artículos reunieron información a través de preliminares controlados aleatorios y dos de investigaciones transversales. El ayuno intermitente podría ser útil en sujetos preparados para la oposición o con sobrepeso para mejorar la disposición corporal mediante la disminución de la masa grasa y, en cualquier caso, el mantenimiento del volumen; la disminución de los niveles de GLP-1 y; la mejora de los biomarcadores relacionados con el bienestar como los niveles de glucosa e insulina. Sea como fuere, se requieren futuros exámenes para explicar con mayor probabilidad el impacto del ayuno intermitente en la disposición corporal.

Diferentes planes de dieta de ayuno intermitente (IF) han adquirido notoriedad entre las personas grandes en los últimos tiempos como un método para lograr la reducción de peso. En cualquier caso, se contempla evaluar el impacto de los regímenes de FI en individuos con condición metabólica, prediabetes y diabetes tipo 2 (T2D) son restringidos. El objetivo del presente estudio fue aclarar momentáneamente los instrumentos bioquímicos y fisiológicos que ocultan los resultados constructivos de la FI, en particular el impacto del "cambio metabólico" propuesto en la digestión. A continuación, analizamos la idoneidad y el bienestar de los regímenes de FI en individuos con condición metabólica, prediabetes y T2D. Para ello, realizamos una búsqueda utilizando mezclas de diferentes términos de FI, recordando los preliminares para averiguar qué miembros cumplían las normas adicionales de trastorno metabólico, prediabetes o T2D. Descubrimos cuatro investigaciones en individuos con trastorno metabólico, un examen en individuos con prediabetes y ocho investigaciones en individuos con T2D que evaluaban los impactos de varios regímenes de FI.

Las pruebas restringidas accesibles, con tamaños de muestras pequeñas y períodos preliminares cortos, recomiendan que los regímenes de FI han contrastado la adecuación comparativa y los abstencionistas de alimentos que limitan las calorías para la reducción de peso y la mejora de los factores glucémicos. A fin de cuentas, la mayoría de los regímenes de FI son potentes y seguros. Sea como fuere, existe un mayor peligro de hipoglucemia en los pacientes con T2D tratados con insulina o sulfonilureas. Además, la adherencia a largo plazo a estos regímenes parece cuestionable. Se necesitan grandes estudios preliminares aleatorios y controlados para evaluar la idoneidad de los regímenes de FI, especialmente en individuos con trastornos metabólicos y prediabetes. Siempre que se demuestre que es razonable y sólida durante periodos prolongados, la FI podría ofrecer un enfoque prometedor para mejorar el bienestar a nivel poblacional y proporcionaría una serie de beneficios médicos generales.

Ese diseño de alimentación viene en algunos surtidos. Algunos planes exigen restringir la alimentación a una ventana de 6 a 12 horas cada día. Otros exigen comer ordinariamente un par de días siete días, en ese momento limitando profundamente las calorías durante 2 o 3 días. Ambas metodologías han parecido ayudar, con concentrados en los ámbitos de la reducción de peso y el bienestar metabólico que muestran una garantía específica. Una investigación de 12 semanas en damas con sobrepeso en sus 40 años rastreó que los individuos que comieron sólo 500 calorías, 3 días cada semana, y no limitaron las calorías los otros 4 días, perdieron la misma cantidad de peso que los individuos que redujeron las calorías a un exacto 1.200 a 1.500 día por día. Además, en un estudio preliminar de 6 meses en el que participaron 100 mujeres, a la mitad se les asignó un plan de ayuno intermitente 5:2 (ayunar 2 días y comer lo necesario los otros 5) y a la otra mitad un régimen alimenticio en el que redujeron las calorías diarias en una cuarta parte. Los dos grupos perdieron una cantidad similar de peso, pero los del grupo 5:2 perdieron más grasa intestinal.

De hecho, incluso sin la reducción de peso, el ayuno puede ayudar a combatir la diabetes y los problemas cardíacos, recomiendan los estudios. En un estudio reciente de la Universidad de Alabama, los hombres prediabéticos que restringieron su alimentación de 9 a 15 horas durante 5 semanas, sin dejar de comer lo suficiente para mantener su peso, observaron una mejora en el efecto de la insulina y el pulso. Es más, las investigaciones sobre reuniones estrictas han demostrado que el ayuno de tan sólo un día al mes durante un largo periodo de tiempo puede influir en el bienestar del corazón y en la duración de la vida. Los investigadores estudiaron a 2.000 pacientes durante mucho tiempo y descubrieron que los ayunantes estándar tenían un 45% más de probabilidades de fallecer durante el periodo de investigación y un 71% menos de probabilidades de padecer enfermedades cardiovasculares. Los individuos que se abstenían de la mayor parte de sus rutinas diarias, además, experimentaban generalmente más tiempo.

Tal vez la ventaja más cautivadora, aunque menos investigada, radique en el bienestar del cerebro. Los investigadores saben desde hace tiempo que las cetonas, que se suministran cuando el cuerpo está hambriento de azúcares y pueden infiltrarse en el cerebro, pueden ser un potente punto de combustible para las sinapsis y calmar las "tormentas eléctricas" o convulsiones en los individuos que padecen un tipo de epilepsia. El ayuno también puede fomentar la creación de la sinapsis supresora del nerviosismo GABA. Además, los exámenes de las criaturas han demostrado que el ayuno intermitente puede prevenir la desaparición de las sinapsis, combatir las manifestaciones similares al

Alzheimer y mejorar la capacidad de aprendizaje y la memoria.

Capítulo 3: El ayuno intermitente: Implicaciones fisiológicas

El ayuno intermitente (AI) es un método nutricional generalmente aceptado que incluye la limitación intermitente del consumo de alimentos. Debido a sus ventajas defensivas contra las enfermedades metabólicas, el envejecimiento y las infecciones cardiovasculares y neurodegenerativas, el AI sigue adquiriendo importancia como medio de protección y ayuda para controlar estas enfermedades crónicas. Aunque varias investigaciones científicas han revelado las ventajas médicas del AI, su posibilidad y viabilidad en el ámbito clínico es discutible. En este sentido, la investigación de los cambios tisulares evidentes en los individuos es importante para determinar los efectos negativos del régimen de AI en los pacientes. Teniendo en cuenta todo esto, auditaremos y analizaremos los resultados y los componentes ocultos del AI en las investigaciones tanto en animales como en humanos. Además, se hablará de los impedimentos propios del AI y de las diferencias entre las investigaciones preclínicas y las clínicas, con el fin de conocer las lagunas existentes entre la interpretación de los exámenes desde la sede hasta la cabecera del paciente.

Efectos del ayuno intermitente en el metabolismo energético

Se ha considerado que el AI es una modalidad de tratamiento con beneficios que van más allá de la reducción de peso. Es debido a estos resultados prometedores que la viabilidad del AI está siendo investigada en su totalidad dentro de los entornos clínicos. Varias investigaciones han detallado los resultados beneficiosos del AI en la reducción del peso corporal y de la masa grasa, la mejora de la homeostasis de la glucosa, y la disminución de la obesidad y la morbilidad relacionada con la diabetes en los sujetos. Se han estudiado diferentes órganos y vías metabólicas clave para comprender los componentes básicos de estos efectos. A continuación, hemos ilustrado el efecto de la FI en órganos metabólicamente importantes, cuya capacidad mejorada puede presentar ventajas médicas fundamentales en modelos de ratón.

El tejido adiposo es un órgano metabólico clave; por lo tanto, comprender su reacción al AI es fundamental para descubrir los factores que favorecen la acción del AI sobre el metabolismo. A pesar de la disminución de la masa de grasa, numerosos exámenes en sujetos han demostrado que el AI promueve cambios en el tejido graso. Una investigación demostró que la RC en el sujeto provoca un incremento en la articulación en la capacidad termogénica de la grasa de color marrón (por ejemplo, la proteína de desacoplamiento-1, una cualidad termogénica clave, en el futuro Ucp1) dentro del tejido adiposo blanco (TAB), que se inició a través de la expansión de la reacción invulnerable tipo 2 y la articulación de Sirt1. No mucho tiempo después, dos exámenes autónomos mostraron que los tipos de ayuno 2:1 isocalórico y 1:1 provocan la combustión de TAB a través de la actuación de la polarización de los macrófagos de disminución y la recepción de los metabolitos creados en miniatura, individualmente. Básicamente, la rutina isocalórica de dos veces al día también promueve la combustión de la grasa corporal, la biogénesis mitocondrial mejorada y la tasa de utilización de oxígeno de la grasa corporal ampliada, evaluada por la respirometría de los tejidos. Estas investigaciones proponen que la cantidad de calorías en sí misma regula la estructura de la alimentación

49

y cambia la digestión de todo el cuerpo a través de la aceptación de la termogénesis del TAB y la disminución de las grasas.

Además, el AI gestiona la quinasa 2 similar a la CDC (CLK2) en el tejido adiposo de color terroso (TAT) en condiciones postprandiales para reforzar la articulación de Ucp1, mejorando así la termogénesis provocada por el régimen alimentario que se está llevando a cabo. Por último, se demostró que el AI está relacionado con ajustes en diferentes adipocinas, recordando los aumentos de adiponectina y neuregulina 4 (Nrg4), y las disminuciones de leptina y resistina, que pueden estar relacionadas con mejoras metabólicas en diferentes tejidos. En los sujetos hereditariamente obesos (ob/ob, sujetos con insuficiencia de leptina), una investigación ha demostrado que el 60% de la restricción calórica provocó la disminución del peso corporal, la mejora de la termogénesis de la grasa y la mejora de la sensibilidad a la insulina. En cualquier caso, un nuevo informe mostró que 19 días de ADA (que comprende el 37% de restricción calórica) no provocó una disminución total del peso corporal en los sujetos ob/ob, a pesar de las mejoras en la homeostasis de la glucosa y la mejora de la sensibilidad a la insulina. Además, una semana de AI isocalórico en el sujeto ob/ob no fue suficiente para disminuir el peso corporal, y las personas ob/ob sometidas a AI no mostraron cambios en el perfil de resistencia a la grasa. Sea como fuere, estos sujetos mostraron una mayor secreción de insulina postprandial, a la que se sumaron mayores niveles de GLP-1 (Glucagon-1) en plasma. Esto propone que una restricción calórica más completa podría ser necesaria para conseguir los efectos beneficiosos del AI en casos de sobrepeso.

Como un órgano crítico en el procesamiento y la asimilación de los alimentos, la dieta afecta profundamente la recuperación intestinal y el trabajo de las células madre. Una investigación ha demostrado que un ayuno único de 24 horas aumenta el trabajo de los microorganismos intestinales inmaduros, demostrado por la mejora en el límite de la estructura de los organoides, impulsando un potente programa de oxidación de grasas insaturadas intervenido por PPAR (receptores del proliferador activado de peroxisoma). Esto recomienda que los programas dietéticos elaborados podrían mejorar fundamentalmente la capacidad de los microorganismos intestinales inmaduros y la digestión. Para estar seguro, la restricción calórica aumentó los microorganismos intestinales inmaduros, al igual que las células de Paneth, mediante la activación de mTORC1 y Sirt1 en dichas células. Además, se demostró que la microbiota intestinal muestra movimientos diurnos, que se ven afectados por el control de los ritmos, y la interrupción de este ritmo se relaciona con agravaciones metabólicas. En consecuencia, los ajustes en la microbiota intestinal por medio de la dieta podrían ser esenciales, ya que están directamente relacionados con la mejora de la homeostasis metabólica. Sin duda, el ADA ajustó considerablemente la disposición de la microbiota intestinal, con un gran reclutamiento de metabolitos de derivación de ácido acético y lactato creados por la microbiota. Además, el trasplante de la microbiota restringida por el AI fue adecuado para mejorar las disfunciones metabólicas relacionadas con la obesidad. Además, el AI mejoró las manifestaciones de un caso de esclerosis al mejorar la variedad microbiana del intestino y modificar sus vías metabólicas, incluida la digestión de azúcares y lípidos. Los investigadores han demostrado que el AI ampliaba las células T protectoras del intestino y disminuía las células T que transmitían la IL-17, lo que se relacionaba con la disminución de los niveles de citoquinas en la sangre. Esencialmente, el tratamiento de la Displasia fibromuscular (DFM) disminuyó la irritación intestinal y amplió el número de microorganismos intestinales inmaduros reforzando la cantidad de familias microbianas protectoras del intestino. Resulta significativo que Dieta de imitación del ayuno (DIA) haya dado la vuelta a la patogénesis intestinal iniciada por el DSS, y que se haya descubierto que la descarga fecal del sujeto tratado con Dieta de imitación del ayuno es adecuada para aliviar los efectos secundarios de la infección intestinal provocada (EII).

En el ámbito clínico, los regímenes de AI y restricción calórica se utilizan principalmente como métodos útiles para reducir el peso corporal y mejorar los indicadores metabólicos en las personas con sobrepeso y en los diabéticos. Aunque se han probado clínicamente regímenes de AI únicos, el ADA sigue siendo el tratamiento más probado. Numerosas investigaciones muestran de forma fiable las ventajas del ADA durante 8 semanas en personas con sobrepeso, disminuyendo el peso corporal y la masa grasa, y reduciendo las sustancias grasas y el colesterol LDL. Sin embargo, el ADA tiene efectos en los niveles de colesterol HDL. Además, un enfoque de AI 5:2 en mujeres obesas reveló descensos en el peso corporal, la insulina en ayunas y la evaluación del modelo de homeostasis de la resistencia a la insulina (HOMA-IR) después de 3 años y medio.

Los preliminares en personas sin sobrepeso o con algo de sobrepeso mostraron resultados similares después de un mes de ADA con descensos en el peso y la grasa corporal, el riesgo cardiovascular y el aumento de beta-hidroxibutirato (característico de la cetosis). Esto propone que, incluso en personas sanas, el AI podría servir de mecanismo de defensa para mantener un peso corporal adecuado y el bienestar metabólico en general.

A pesar de que los preliminares de la ART (alimentación restringida en el tiempo) han anunciado ventajas comparativas con respecto a los del ADA, no se observó una reducción del peso corporal en todos los estudios, lo que propone que podría ser necesaria una limitación dietética más estricta para notar una disminución del peso corporal. A pesar de la escasa reducción de peso, la homeostasis de la glucosa mejoró en algunos análisis, y una investigación anunció una disminución de diversos marcadores de provocación en el plasma (por ejemplo, IL-1, IL-6 e IGF-1). Esto sugiere que, a pesar de que los regímenes de AI que incluyen la restricción calórica (RC), podrían ser más eficaces en la pérdida de peso corporal, el cambio de los hábitos alimenticios para incluir un período de ayuno más prolongado podría ser suficiente para mejorar los límites metabólicos, incluso sin reducir la ingesta de calorías en general.

Aunque la termogénesis del tejido adiposo se ha presentado como un sistema de transmisión de las mejoras metabólicas intercaladas por el AI, su evolución en las personas debido a tratamientos dietéticos es en gran medida desconocida. El tratamiento de la RC durante 8 semanas demostró disminuir el peso y la grasa corporal en hombres y mujeres con sobrepeso, pero no provocó la reducción de la grasa subcutánea. Además, se observaron cambios en el músculo frente a la grasa y la resistencia a la insulina, sin que se produjeran cambios en los marcadores de cocción del TAB. Es posible encontrar variaciones relacionadas con el sexo y con la grasa en los marcadores de color terroso y beige en el TAB subcutáneo humano. Esta inconsistencia podría establecerse generalmente en el grado de manejo de las condiciones ambientales. A pesar del hecho de que la ingesta de alimentos y el clima en la vivienda (la temperatura y los ritmos circadianos) son controlados fuertemente en los estudios realizados con ratones, los cuales varían profundamente en el examen clínico. Especialmente, la temperatura afecta significativamente a la combustión de TAB bajo condiciones de AI. Un nuevo informe mostró que el sujeto expuesto a condiciones calor moderado (30°C) prefiere la alimentación calórica en lugar de los que se encuentran a una temperatura adecuada (20–22 °C). Seguramente, el sujeto sometido a AI en condiciones de calor moderado mostró una disminución del peso corporal y una mejora de la homeostasis de la glucosa sin que se quemara el TAB, emulando los efectos metabólicos observados en la investigación humana sobre el AI. En consecuencia, la creación de condiciones ideales para el AI sería un avance fundamental para adecuar los estudios de los animales al examen clínico. En definitiva, tanto los exámenes en ratones como en humanos presentan impactos metabólicos positivos con el AI.

Efectos del ayuno intermitente en el metabolismo cardiovascular

Las enfermedades cardiovasculares (ECV) son actualmente la principal causa de mortalidad en todo el mundo. El control de los factores de riesgo que se pueden modificar, como el tabaquismo, el esfuerzo físico, el peso y los hábitos alimentarios poco saludables, puede mejorar el funcionamiento cardiovascular y reducir el riesgo de sufrir una ECV en cualquier parte del mundo.

Los experimentos con animales han demostrado recientemente que el ritmo cardíaco y la tensión arterial en reposo disminuyen con el uso del AI. Una investigación anunció que el AI mejora la capacidad de resistencia cardiovascular al esfuerzo, con un descenso de la tensión arterial (TA) y del ritmo cardíaco a causa de los factores estresantes externos y una recuperación más rápida de los niveles normales. De forma inesperada, la RC y el AI disminuyen la presión oxidativa en el miocardio, con una disminución de los trastornos oxidativos de las proteínas y el ADN, así como de la peroxidación lipídica. Además, el AI redujo la reacción de estimulación y la cantidad de miocitos apoptóticos en un modelo de necrosis miocárdica localizada (NML), con una menor regeneración del corazón tras el NML. Además, el AI parece mejorar el perfil lipídico plasmático al reducir el colesterol LDL. Posteriormente, por tanto, el AI puede mejorar el bienestar cardiovascular al modificar el ritmo cardíaco, la tensión arterial y la digestión de los lípidos en los estudios de laboratorio.

En las personas, existe un consenso general de que el AI favorece el bienestar cardiovascular debido a las mejoras en el perfil lipídico plasmático y en los marcadores de estimulación. Como se ha mencionado, algunas investigaciones clínicas han demostrado que el ADA disminuye el nivel de triacilglicerol, y el nivel de colesterol LDL en el plasma, con variaciones en el nivel de HDL. En general, los estudios revelan que la mejora del perfil lipídico plasmático podría ser un factor clave de los efectos cardioprotectores del AI en las personas. Además, la presión arterial alta es una característica habitual y determinante del riesgo de padecer una ECV. De ocho a doce semanas de ADA en personas obesas provocaron una disminución de la PA sistólica o una disminución de la PA sistólica y diastólica. Una investigación a largo plazo también demostró que el IF 5: 2 durante medio año provocó una disminución de la PA sistólica y diastólica). Recientemente, un estudio clínico controlado y dirigido utilizó la alimentación isocalórica temprana (una ventana de alimentación de 6 horas, con la última comida antes de las 3 de la tarde) durante varias semanas en hombres prediabéticos. Después de 5 semanas de tratamiento, el ritmo cardíaco en reposo, la presión arterial sistólica y diastólica, el nivel de colesterol completo y los marcadores de presión oxidativa en suero se redujeron. Los resultados comparativos fueron adquiridos en un preliminar clínico utilizando 1 día/semana de rutina de AI de ayuno en mujeres delgadas y con sobrepeso, mientras que 3 semanas de AI provocaron la disminución del colesterol absoluto, el colesterol LDL y los niveles de grasas totales, pero no los cambios en la PA. Estas diferencias en los límites cardiovasculares podrían ser atribuidas a la intensidad y la duración de los ejercicios, las condiciones cardiovasculares, y la base hereditaria de los miembros. En general, el AI disminuye el peligro de ECV con mejoras en el perfil de lípidos plasmáticos, y la disminución del ritmo cardiaco y la PA en las personas.

Efectos del ayuno intermitente en el sistema inmunológico

La alteración del sistema inmunológico es la causa principal del envejecimiento y de una serie de enfermedades potencialmente mortales, entre ellas las enfermedades crónicas. Dado que los cambios en la dieta afectan significativamente a la composición de todo el cuerpo, incluyendo el inmunometabolismo, las modificaciones en el sistema inmunológico provocadas por el AI pueden ayudar a comprender su eficacia en el tratamiento y la prevención de enfermedades.

En los sujetos, el ayuno prolongado (ayuno de más de 48–120 horas) ha aparecido para mejorar la regeneración de las células hematopoyéticas, como lo demuestra la mayor protección de los microorganismos constituyentes de las células hematopoyéticas y la mejor recuperación de las células linfoides iniciada por la quimioterapia. La RC ha demostrado una disminución del factor de desarrollo similar a la insulina 1 (IGF-1), una citoquina clave asociada al desarrollo y mantenimiento subyacente de los tumores. La RC intermitente disminuyó la aparición de tumores mamarios y retrasó el desarrollo de los mismos en el caso de un modelo de crecimiento maligno del pecho MMTV-TGF, lo que se relacionó con la disminución de los niveles séricos de leptina. Asimismo, la ART en el patrón de enfermedad mamaria MMTV-PYMT expuesta a una dieta hipercalórica frenó el desarrollo tumoral y disminuyó las convergencias plasmáticas de marcadores clave, por ejemplo, la leptina. La ART (alimentación restringida en el tiempo) fue utilizada para reducir la metástasis iniciada por el peso del carcinoma de pulmón de Lewis, en el que el tumor principal mostró su propia ritmicidad circadiana y reaccionó rápidamente a los ajustes en el diseño de la alimentación. Una explicación factible para el retraso en el desarrollo del tumor por el AI es que el ayuno estimula la activación de SIRT3, que controla los niveles del oxígeno receptivo (NOR) y, en última instancia, frena la trayectoria del inflamasoma NLRP3. Dado que el inflamasoma es un componente crítico en la actuación intrínseca de la insensibilidad y la irritación de los tejidos, impedir su aparición puede suponer un papel en la disminución del desarrollo de la enfermedad propiamente dicha. Al igual que con la fibrosis quística, numerosas investigaciones en animales han demostrado que la RC y la ADA reducen los niveles de IGF-1 en circulación. Curiosamente, se ha contabilizado que la RC intermitente cambió el proceso de metabolización de la energía del tumor pasando de la fosforilación oxidativa a la glucólisis, lo que provocó la expansión de los microorganismos inmunitarios y el desarrollo de los agregados epiteliales-mesenquimales durante el periodo posterior a dicho periodo de hambre. Esto sugiere que el consumo excesivo de alimentos después de un periodo de ayuno puede acelerar el desarrollo de tumores y podría estar relacionado con la metástasis amenazante. En resumen, el papel del AI en el desarrollo de los tumores sigue siendo dudoso, por lo que se hace necesario un estudio futuro para comprobar el efecto del AI en la tumorigénesis.

En las personas, el peso está relacionado con el aumento del riesgo de diferentes tipos de tumores malignos, como los de mama, páncreas, hígado y próstata. Una disminución en el peso corporal por medio de procesos dietéticos, por ejemplo, el AI puede disminuir la presencia y el desarrollo de tumores cancerígenos. En cualquier caso, hasta ahora, no hay investigaciones en humanos que conecten directamente el efecto de AI con el cáncer. Un examen investigó los resultados clínicos de la enfermedad relacionados con el ayuno mediante la exposición de los pacientes a la carga de carbohidratos pre-oral o a un ayuno de 24 horas antes de la intervención quirúrgica para el cáncer de mama. Los pacientes que se abstuvieron de consumir alimentos en ayunas mostraron una mejora en sus resultados clínicos en 88 meses de seguimiento. Para entender el concepto, se auditaron los impactos del AI en diferentes biomarcadores de riesgo de la enfermedad que se suman a la etiología y el avance del cáncer. Por ejemplo, el aumento de la masa muscular en relación con la grasa se relaciona con un mayor peligro de cáncer de mama en las mujeres posmenopáusicas. Se ha demostrado que el ayuno nocturno prolongado está relacionado con la mejora del control glucémico y la disminución de los biomarcadores de cáncer, lo que supone una técnica básica y no farmacológica para reducir el peligro de que se repita la enfermedad del seno. Diferentes biomarcadores de neoplasia, por ejemplo, las adipocinas plasmáticas y las citoquinas estimulantes, también se ven afectados por el AI. Por ejemplo, la ART y la ADA han aparecido para ampliar fundamentalmente el nivel de adiponectina en plasma, que se ha relacionado con la disminución de la capacidad de propagación del cáncer de próstata, la enfermedad colorrectal, el cáncer de endometrio y de mama. Curiosamente, el nivel de adiponectina se asocia contrariamente con algunas citoquinas inflamatorias, por ejemplo, IL-6, TNF e IFN. Dado que la agravación persistente completa como un elemento central en la mejora del desarrollo tumoral, la adiponectina reguladora ampliada promovida por el AI puede ser un enemigo del microambiente tumoral. Frecuentemente aumentada por el peso, la adipokina leptina fue considerada por tener un trabajo de apoyo a la estimulación del tumor y está relacionada con niveles más elevados de citoquinas inflamatorias, una iniciación más prominente de neutrófilos, y un nivel expandido de radicales libres. Los regímenes dietéticos de ADA y AI 6:1 (1 día de ayuno a la semana) disminuyeron los niveles de leptina circundante, y el AI 2:1 disminuyó esencialmente la articulación de la leptina en el tejido graso. En definitiva, el ajuste de diferentes adipocinas por medio del AI puede dar lugar a un microambiente tisular reductor que puede prevenir la aparición de diferentes tumores.

La pérdida de peso con el AI y la RC disminuye los niveles de proteína de respuesta C, que es un signo de deterioro de la salud. Asimismo, algunos exámenes detallaron que el ayuno del Ramadán, una rutina particular de ayuno estricto, provocó la disminución de los grados de IL-1, IL-6 y TNF. En los voluntarios sanos, el ayuno provocó una menor activación del inflamasoma NLRP3, como se demostró por la disminución de la descarga de IL-1, IL-18 y TNF de los monocitos esenciales desprendidos de los pacientes que participaron en el ayuno, mientras que la reanudación de la alimentación cambió este compuesto. No obstante, numerosos exámenes han declarado en cualquier caso que los regímenes de AI no tenían ningún impacto en las citoquinas inflamatorias que circulan por el organismo. En conjunto, estas investigaciones muestran fluctuaciones en los niveles de estimulación de la enfermedad, lo que plantea problemas en relación con la precisión de las técnicas para distinguir los niveles de citoquinas circulantes y las ramificaciones de los cambios en estos niveles en el bienestar metabólico general.

Efectos del ayuno intermitente en el sistema nervioso

Se han registrado algunos efectos beneficiosos de los regímenes de limitación alimentaria en las capacidades neuroconductuales de los sujetos. Por ejemplo, la disminución del rendimiento relacionado con la edad en una prueba de laberinto y el desarrollo motriz se vio impedida por la RC. Otros exámenes realizados con ratones han anunciado además una mejor ejecución del motor y de la memoria a los 15 y 22 meses de edad. Siempre que se mejora la capacidad intelectual y la concentración mental en los sujetos en edad adulta, se mejora la acción mitocondrial y se disminuye el daño oxidativo en el cerebro. Tras la apertura a la neurotoxina, los sujetos sometidos a AI mostraron una mayor resistencia de las neuronas en el hipocampo, lo que indica una mayor preservación de las células neuronales a la vista de los factores de estrés externos.

Asimismo, la RC amplió la resistencia de las neuronas recién producidas de las células no desarrolladas del hipocampo, lo que mejoró la versatilidad sináptica y el trabajo del cerebro en general. En ratones familiares que padecen la enfermedad de Alzheimer por herencia, como consecuencia de la exposición a la RC o al AI, éstos mostraron una mejor conducta exploratoria y una mayor capacidad de ejecución en las tareas de protección y conservación. En concreto, el grupo de RC mostró una disminución de la acumulación del péptido beta-amiloide y de la articulación fosfo-tau, que son signos de una neuropatología. Además, últimamente, un estudio ha demostrado que el AI mejora la patología clínica de numerosos tipos de esclerosis mediante la disminución de la irritación y la desmielinización del sistema sensorial focal (SSF) gracias a la utilización de biometría en pequeña escala. El impacto ventajoso del AI en diferentes enfermedades neurodegenerativas podría atribuirse a la ampliación del grado de citoquinas neuroprotectoras, por ejemplo, el factor neurotrópico determinado del cerebro (FNDC), que se relaciona con la disminución del daño cerebral isquémico y la mejora del bienestar cerebral en general. En los sujetos db/db hereditariamente estresados/diabéticos (sujetos carentes de receptores de leptina), el AI tuvo la capacidad de prevenir las complicaciones diabéticas, por ejemplo, la retinopatía diabética, mediante la expansión de la digestión neuroprotectora de la bilis a través de cambios en el microbioma intestinal, que se centra en la capa de células ganglionares y protege contra la degeneración de la retina. Además, un nuevo informe ha demostrado que SIRT3 es significativo en la actualización versátil de la transmisión sináptica GABAérgica durante la transformación a AI, recomendando el efecto inmediato de los cambios dietéticos en la capacidad y el bienestar del sistema nervioso central.

La disminución de la capacidad intelectual se ha relacionado con la obesidad. Los exámenes en curso han demostrado que la ausencia de actividad junto con las prácticas dietéticas inadecuadas son factores de riesgo para las enfermedades neurodegenerativas como la enfermedad de Alzheimer. Además, el AI influye decisivamente en la capacidad neurocognitiva de los sujetos. A pesar de que no hay exámenes en humanos que evalúen los impactos inmediatos del AI en el sistema sensorial, hay estudios que recomiendan el posible efecto positivo de terapias dietéticas en la capacidad neurocognitiva de las personas. En una investigación, se sometió a personas mayores normales o con sobrepeso a 3 meses de una RC del 30%. Tras su tratamiento, los participantes mostraron una mejora crítica en la memoria verbal en contraste con la pareja de control. En cualquier caso, el nivel de FNDC, regularmente relacionado con la disminución de la degradación neuronal y la degeneración, permaneció inalterado. A pesar de que los niveles de FNDC se ampliaron con frecuencia en los sujetos después de los regímenes alimenticios, este factor es difícil de evaluar con precisión en un entorno clínico, ya que los niveles séricos pueden no ser demostrativos de los niveles dentro del cerebro. Para ver si las ventajas de las prácticas de ayuno para la enfermedad de Alzheimer son clínicamente traducibles, un estudio de mediación alimentaria en humanos ha iniciado una fase clínica preliminar 1, en la que los pacientes de Alzheimer se someterán a la práctica del ADA, y a una variedad de AI, para estudiar su viabilidad como terapia.

Aunque los efectos del AI se investigan más a fondo en los exámenes preclínicos, la exploración clínica también ha demostrado las ventajas de los cambios en la dieta para mejorar la capacidad psicológica, lo que justifica una mayor investigación sobre la capacidad de recuperación que ofrecen las terapias alimentarias.

Análisis y orientaciones futuras

A pesar del hecho de que el ayuno intermitente es un método para adelgazar y mejorar la digestión en el organismo, está adquiriendo notoriedad, ya que el ayuno con fines estrictamente personales ha sido practicado durante mucho tiempo. Por ejemplo, en la cultura islámica, el ayuno del Ramadán es un tipo particular de ayuno intermitente estricto ensayado por un gran número de musulmanes. Durante el largo tramo del Ramadán, los musulmanes evitan todo tipo de ingesta calórica durante 12–14 horas entre el amanecer y el atardecer de forma constante durante un plazo de 29 a 30 días.

Por lo tanto, el Ramadán rápido ofrece una oportunidad fantástica para investigar los impactos del AI en una población enorme. Los estudios han mostrado disminuciones en el peso corporal y en el flujo de citoquinas estimulantes como consecuencia del Ramadán. Por el contrario, hay estudios que muestran ventajas médicas mínimas y un bajo nivel de mantenimiento del ayuno en Ramadán, especialmente en personas obesas. Este hallazgo contradictorio del ayuno durante el Ramadán podría atribuirse a la alteración del ritmo circadiano. Ayunar durante el día (etapa dinámica) y comer por la noche (etapa latente) anula los diseños de descarga química, descanso y coordinación real relacionados con el ritmo circadiano. Estas percepciones demuestran que la planificación circadiana de la alimentación/ayuno sería vital para optimizar la rutina del AI, así como para definir la idoneidad del mismo.

Los resultados de las pruebas de diagnóstico en los sujetos han demostrado de forma fiable que son útiles, por ejemplo, la reducción de peso, la mejor sensibilidad a la insulina y la mejora del perfil metabólico y cardiovascular. A pesar del impactante número de modelos preclínicos que exhiben estos efectos positivos, los exámenes clínicos aún no parecen imitar de manera fiable estos resultados. Esta incoherencia entre los modelos preclínicos y los estudios preliminares en humanos podría atribuirse a una falta de control ambiental riguroso desde las instalaciones de investigación hasta el entorno clínico. Componentes desconcertantes como la predisposición hereditaria, el estado metabólico durante un periodo de tiempo significativo, la edad, el sexo, la cantidad de alimentos permitidos y el clima cálido pueden afectar igualmente a los resultados clínicos preliminares. Por otra parte, a diferencia de los modelos preclínicos, donde los resultados de AI se mantienen durante mucho tiempo, los resultados de AI en humanos se realizan durante un tiempo moderadamente transitorio de 4 semanas. Esto puede aclarar los resultados clínicos interrumpidos y las mejoras generalmente asimétricas, ya que podría ser necesaria una terapia dietética más exhaustiva y a largo plazo para notar mejoras clínicamente significativas. Además, las medidas cuantitativas obtenidas de la fenotipificación completa y de los perfiles de tejidos y plasma de los modelos preclínicos faltan en los preliminares humanos y, por lo tanto, no muestran los impactos fisiológicos fundamentales y explícitos de los tejidos en las personas como resultado en la práctica del AI. Tales medidas cuantitativas se circunscriben a los parámetros metabólicos normales y a los estudios plasmáticos debido a la naturaleza de los exámenes clínicos, por lo que es posible que se sugieran resultados de carácter fisiológico de los procesos de AI en las personas, que podrían no reflejar con precisión los efectos de ese proceso.

A pesar de que el AI se ha revelado como una terapia prometedora en modelos preclínicos, es necesario realizar más estudios para demostrar las ventajas esperadas en un entorno clínico. Para evaluar su viabilidad correctiva en las personas, deben realizarse controles exhaustivos que representen diferentes factores, como la calidad y la cantidad del consumo de alimentos, el clima cálido, el aspecto de la herencia, los hábitos de sueño, el estado metabólico actual y el anterior, y la capacidad de lograrlos y gestionarlos. El control de estos indicadores y la ampliación del tamaño de la muestra deberían ayudar a revelar la duración ideal del tratamiento con AI, así como los efectos negativos esperados, como la hipoglucemia, la fatiga emocional y la recuperación del peso corporal tras la finalización del tratamiento con AI. Con un estudio adicional sobre su viabilidad entre las personas, el AI puede ser una terapia de restauración increíblemente atractiva y gratuita para las personas que esperan mejorar su bienestar metabólico, intelectual y cardiovascular a través de metodologías no quirúrgicas y no farmacológicas.

CPSIA information can be obtained
at www.ICGtesting.com
Printed in the USA
BVHW050858110821
614094BV00011B/983